RICETTE DI LIQUORI POPOLARI

Carmelo Stiddia

RICETTE DI LIQUORI POPOLARI di Carmelo Stiddia

© COPYRIGHT 2021 TUTTI I DIRITTI RISERVATI

INTRODUZIONE

L'infusione è un metodo semplice per preparare un'ampia varietà di liquori. Molti dei liquori più famosi al mondo sono realizzati con questo metodo. Come gli amari Angostura, che sono anche un infuso, ci sono spesso formule gelosamente custodite dietro i liquori, che coinvolgono una straordinaria gamma di erbe e spezie.

Nonostante la segretezza, però, i liquori possono essere facilmente preparati nella tua distilleria di casa. Non lasciarti intimidire da lunghe liste di ingredienti; se stai preparando bitter o gin usando questi veri e propri "botanici" piuttosto che aromi, hai già un buon inizio.

I liquori sono semplici bestie tipicamente composti da tre componenti primari: alcol base, aroma e dolcificante. Mescola questi ingredienti al tuo contenuto cacofonico e potresti essere ricompensato con una bottiglia di prelibatezza su misura.

Puoi farlo con pochissima attrezzatura. Come minimo dovresti avere dei misurini, una piccola bilancia da cucina e un densimetro per misurare l'alcol in volume (ABV).
Gli infusi sono fatti immergendo o infondendo vari ingredienti in un liquore di base, spesso vodka. I tempi di infusione possono variare da un paio di giorni a molte settimane. Generalmente le erbe e le spezie vengono infuse e poi filtrate dal liquido. Per definizione, i liquori sono dolcificati; di solito questo viene fatto dopo che i prodotti botanici sono stati infusi.

I liquori possono essere addolciti con zucchero, sciroppo di zucchero, miele o anche sciroppo d'agave. Ecco alcune ricette di liquori popolari per iniziare.

RUM

1.   liquore al caffè

- 1 ricetta caffè freddo
- $\frac{1}{2}$ tazza (125 ml) di acqua
- $\frac{1}{2}$ tazza (125 ml) di zucchero di canna scuro (confezionato)
- 1 tazza (250 ml) di rum scuro
- $\frac{1}{2}$ bacca di vaniglia

a) Per prima cosa prepara il caffè freddo. Portare a bollore l'acqua e lo zucchero di canna a fuoco vivace; abbassare il fuoco a fuoco lento, mescolando per sciogliere lo zucchero. Togliere dal fuoco e lasciare raffreddare a temperatura ambiente, circa 30 minuti.

b) Aggiungere lo sciroppo raffreddato e il rum nel barattolo con il caffè. Usando un coltello, dividere a metà la bacca di vaniglia per il lungo e raschiare i semi, aggiungere sia i semi che il baccello al composto di caffè e mescolare per amalgamare. Rimetti il coperchio sul barattolo e lascialo riposare a temperatura ambiente in un luogo fresco e buio per almeno 2 settimane, agitando una volta al giorno. Rimuovere il baccello di vaniglia.

2. Biscotti messicani al liquore al caffè

Ingrediente
- ½ tazza di burro
- ½ tazza di panna
- ⅔ tazza di sciroppo d'acero
- ½ tazza di Kahlua o altro liquore al caffè
- 1 cucchiaino di vaniglia
- 1 ogni uovo
- 2 tazze di farina bianca non sbiancata
- 1 cucchiaino di bicarbonato di sodio
- ½ tazza di avena
- ½ tazza di noci
- 1½ tazza di chips di carruba alla menta

a) Montare insieme burro, panna, sciroppo d'acero, liquore al caffè e vaniglia.

b) Incorporare l'uovo. Aggiungere la farina in tre aggiunte, assicurandosi che ogni aggiunta sia ben amalgamata. Aggiungere il bicarbonato e l'avena. A mano, unire le noci e le scaglie di menta. Far cadere un cucchiaino su una teglia non oleata.

c) Infornare a 350 gradi 10-12 minuti. I biscotti saranno dorati.

3. Liquore crema banana cocco rum Banana

Ingrediente

- 2 Banane mature; purè (circa una tazza)
- 2 cucchiaini di estratto di cocco
- $1\frac{1}{2}$ tazza di Rum
- $\frac{1}{2}$ tazza di Vodka
- $\frac{1}{2}$ tazza di latte condensato zuccherato
- $\frac{1}{2}$ tazza di latte evaporato
- 1 tazza di crema di cocco

Schiacciare le banane e frullare nel frullatore con l'estratto di cocco, il rum e la vodka. Aggiungere il latte e frullare a bassa velocità per un minuto. Aggiungere la crema di cocco o latte di cocco e mescolare a impulsi per un minuto (usare la velocità più bassa sul frullatore e accendere/spegnere otto volte). Per circa quattro tazze.

4. Rum speziato

- 1 bottiglia da 750 millilitri (26 oz.) di rum invecchiato (suggerisco rum scuro, anche se non proprio rum scuri o "neri")
- 1 noce moscata intera
- 1 stecca di cannella, spezzata in pezzi
- 1 baccello di vaniglia, diviso longitudinalmente
- 2 chiodi di garofano interi
- 1 baccello di cardamomo
- 4 grani di pepe nero
- Sciroppo di Sorgo
- 1 stella di anice
- 3 bacche di pimento
- 1 grande arancia ombelico

a) Metti l'intera noce moscata in una vecchia federa o avvolgila liberamente in un canovaccio da cucina pulito e dai un colpo deciso con un martello o un martello. Mettere la noce moscata e tutte le altre spezie in una padella dal fondo pesante. Tostare leggermente le spezie a fuoco medio-alto finché non diventano fragranti, circa 2 minuti. Togliere dal fuoco e mettere da parte a raffreddare. Trasferiteli in un macinino a lame e frullateli tre o quattro volte.

b) Usando un pelapatate, sbucciate l'arancia, avendo cura di evitare la parte bianca. Mettere la scorza in un barattolo Mason da 1 litro e aggiungere il rum e le spezie tostate. Chiudi bene il coperchio, agita per amalgamare e lascia riposare per almeno 24 ore.

c) Filtrare il rum speziato, prima con un colino, poi con una garza o un filtro per caffè. Versare in un barattolo o bottiglia di vetro pulito ed etichettare.

5. Crepes alla nocciola con gelato

Ingrediente
- ½ tazza di nocciole intere
- ½ tazza di latte
- ⅓ tazza di caffè preparato, raffreddato
- ⅓ coppa Frangelico e/o kahlua
- 1 cucchiaino Vaniglia
- ⅛ cucchiaino di estratto di mandorle
- 3 uova
- 1 tazza di farina
- 3 cucchiai di burro non salato, fuso e
- raffreddato
- Olio per padella
- 1 pinta di gelato al caffè
- Salsa di noci al caffè al caramello*
- Salsa fondente al moka

Per tostare le nocciole:

a) Cuocere a 300F. forno, scuotendo più volte, fino a quando le pelli non si scuriscono, si allentano e si rompono, circa 15 minuti. Raffreddare leggermente, trasferire su un asciugamano. Piegare l'asciugamano per avvolgere, strofinare energicamente per allentare le pelli.

b) Rimuovere e scartare quanta più pelle possibile.

c) Trasferisci le bucce nel frullatore o nel robot da cucina. Accendere/spegnere fino a tritare finemente.

Crepes:
a) Unire il latte, il Frangelico, gli estratti di vaniglia e mandorle e le uova fino a quando non si saranno amalgamati. Aggiungere la farina in una volta e sbattere fino a che liscio e tutta la farina è stata assorbita. Incorporare le nocciole, il burro e lo zucchero.

b) Coprire e conservare in frigorifero almeno due ore, ma preferibilmente durante la notte.

c) Riportare l'impasto a temperatura ambiente.

d) Scaldare la padella per crepes finché l'acqua non fuoriesce. Olio leggermente e scaldare fino a caldo. Togliere la padella dal fuoco, versare $\frac{1}{4}$ di tazza di pastella e agitare rapidamente per ricoprire il fondo. Rimetti la padella sul fuoco.

e) Cuocere fino a quando la crepe non sarà dorata sul fondo; girare e cuocere dall'altro lato.

f) Trasferire su un piatto, separando le crepes con carta oleata. Ripeti con la pastella rimanente, oliando la padella se necessario.

g) Le crepes possono essere preparate a questo punto in anticipo. Riscaldare rimuovendo la carta cerata, avvolgendo in un foglio di alluminio e cuocendo in forno preriscaldato a 350F. forno su una teglia per circa 15 minuti.

h) Arrotolare velocemente le crepes calde intorno a piccole palline di gelato. Servire con una o entrambe le salse.

6. Palline di liquore alla moka senza cottura

Ingrediente
- 3 tazze di briciole di wafer alla vaniglia; scatola da 250 g circa
- tazzaAcqua
- 3 cucchiai di caffè istantaneo
- 4 onceCioccolato semidolce
- $\frac{1}{2}$ tazza Tia Maria
- $1\frac{1}{2}$ tazza di zucchero a velo setacciato
- pecan a metà; opzionale

Mettere l'acqua in una casseruola di medie dimensioni. Aggiungere il caffè e mescolare a fuoco basso finché il caffè non si sarà sciolto. Aggiungere il cioccolato e continuare a scaldare fino a quando non si scioglie, mescolando spesso. Togliere dal fuoco e mantecare con il liquore.

Mescolare le briciole di wafer e lo zucchero; incorporare gli ingredienti liquidi fino a quando non sono ben amalgamati.

Formare delle palline da 1 pollice. Se lo si desidera, premere un pezzo di pecan al centro di ciascuno, appiattendolo leggermente. Conservare in un contenitore ben coperto in un luogo fresco per almeno una settimana per consentire ai sapori di amalgamarsi. Fa circa 3 dozzine.

7. Liquore al tè al gelsomino

Ingrediente
- 1 pinta di rum scuro
- $\frac{1}{2}$ tazza di tè al gelsomino
- 1 tazza di sciroppo di zucchero

Lasciare in infusione il tè nel rum per 24 ore e rimuovere.

Preparate lo sciroppo di zucchero facendo bollire 1 tazza di zucchero in $\frac{1}{2}$ tazza d'acqua (sarà MOLTO denso). Quando lo sciroppo si sarà raffreddato, aggiungetelo al rum. È subito pronto da bere. Questo è un liquore da fine pasto molto carino, ma puoi berlo ogni volta che vuoi. Se il sapore del tè è troppo forte, prova a macerare per un tempo più breve, riducendo la quantità, ecc. Allo stesso modo, la quantità di zucchero potrebbe essere un po' eccessiva per molti gusti, quindi sperimenta.

8. Liquore alla crema di moka

Ingrediente
- 1 14 once. può latte condensato zuccherato
- 1 tazza di rum scuro
- 1 tazzaCrema pesante
- $\frac{1}{4}$ tazzaCioccolato - sciroppo aromatizzato
- 4 cucchiaini di caffè espresso in polvere istantaneo
- $\frac{1}{2}$ cucchiaino di cannella in polvere
- $\frac{1}{2}$ cucchiainoEstratto di vaniglia
- $\frac{1}{4}$ cucchiainoEstratto di cocco

Combina tutti gli ingredienti in un robot da cucina o in un contenitore per frullatore.

Coprire e lavorare ad alta velocità fino a quando il composto non sarà ben amalgamato e liscio. Servire subito il cordiale su ghiaccio tritato o cubetti di ghiaccio. Oppure, trasferire il composto in un contenitore ben coperto e conservare in frigorifero per un massimo di 2 settimane. Mescolare appena prima di servire.

9. Frutta svedese al liquore

Ingrediente
- 1 pintaMirtilli
- 1 pinta di lamponi
- 1 pintaFragole
- 1 pintaRibes rosso
- 1 tazza (o più) di zucchero semolato
- ⅔ tazzaBrandy
- ⅔ cupLight rum panna montata non zuccherata per guarnire

Rimuovere gambi e bucce dalle bacche. Sciacquare, scolare e mettere in una ciotola di vetro da portata. Aggiungere lo zucchero, il brandy e il rum, mescolando con un cucchiaio di legno. Assaggiare e aggiungere altro zucchero, se necessario. Marinare per una notte in frigorifero. Servire con panna montata e una generosa quantità di salsa. Serve da 6 a 8.

10. Torta cocco e mandorle

Ingrediente
- 6 uova grandi, separate, a temperatura ambiente
- 1 tazza di zucchero
- 1 tazzaMandorle, tritate grossolanamente
- 2 tazze di cocco grattugiato non zuccherato
- $\frac{1}{2}$ tazza di succo d'arancia
- $\frac{1}{4}$ tazza di liquore Sabra (o Grand Marnier o Cointreau)

- Olio per la padella
- Cioccolato amaro grattugiato per guarnire
- Panna montata per guarnire

Preriscaldare il forno a 325 gradi. Ungere leggermente uno stampo a cerniera da 10 ". In una ciotola grande, sbattere gli albumi a neve ferma; aggiungere $\frac{1}{2}$ c. di zucchero; sbattere a neve ferma.

In un'altra ciotola, sbattere i tuorli con la restante $\frac{1}{2}$ c. zucchero fino a quando non diventa chiaro e spumoso.

Aggiungere mandorle e cocco; mescolare delicatamente. Incorporare gli albumi.

Versare la pastella in padella; cuocere 45 min. o fino a quando la crosta diventa marrone chiaro in cima e lo stuzzicadenti esce pulito. Togliete dal forno e lasciate riposare in padella qualche minuto. Bucherellate tutta la superficie della torta con uno stuzzicadenti.

Unire il succo d'arancia e il liquore e versare sulla torta ancora in padella. Quando la torta sarà completamente fredda, sfornare e servire con panna montata, se lo si desidera, e cioccolato grattugiato.

11. Salsa al liquore al caffè

Ingrediente
- 1 cucchiaioLiquore al caffè
- tazzaSucco di limone
- $\frac{1}{4}$ tazza di cipolla, tritata finemente
- 6 dashSalsa al peperoncino
- $\frac{1}{2}$ cucchiaino di miele
- $\frac{1}{8}$ cucchiaino di radice di zenzero, grattugiata
- tazza di succo di lime
- tazza di olio vegetale
- 1 cucchiaino di salsa Worcestershire
- $\frac{1}{2}$ cucchiaino di erba di aneto
- $\frac{1}{4}$ cucchiaino di pepe bianco

Agitare bene tutti gli ingredienti in un barattolo coperto. Lasciar riposare 1 ora o più per amalgamare i sapori. Agitare bene prima dell'uso. Versare sul pesce e marinare 30 minuti. Grigliare il pesce, imbastire spesso..

12. Cordiale al mirtillo rosso

Ingrediente
- 8 tazzeMirtilli rossi crudi, coarsley

- Tritato

- 6 tazze di zucchero

- 1 litro di rum chiaro o ambrato

Metti i mirtilli tritati in un barattolo da un gallone con un coperchio aderente (o dividi tra barattoli da mezzo gallone). Aggiungere lo zucchero e il rum. Chiudi bene il barattolo; agitare delicatamente per amalgamare. Conservare in un luogo fresco e buio per 6 settimane, mescolando o agitando il contenuto ogni giorno.

Filtrare il cordiale in bottiglie decorative. Sigillare con tappi di sughero.

Nota: questa ricetta può essere dimezzata o addirittura squartata. Per una mezza ricetta, usa 4 tazze di mirtilli rossi, 3 c di zucchero e $2\frac{1}{2}$ tazze di rum; per un quarto di ricetta, usa 2 tazze di mirtilli rossi, 1 $\frac{1}{2}$ tazza di zucchero e 1 tazza di rum.

13. Liquore cremoso al rum

Ingrediente

- 1 lattina (400 ml) di latte condensato

- 300 millilitri Panna

- 300 millilitri Latte

- cupRum

- 2 cucchiaiSalsa al cioccolato

- 2 cucchiaini di caffè istantaneo sciolto in

- 2 cucchiainiAcqua bollita

Mescolare tutti gli ingredienti lentamente in un frullatore.
Servire freddo. Si conserva sigillato in frigo, per 2 settimane.

14. Liquore alla crema irlandese marca Eagle

Ingrediente

- 1¼ tazza di whisky irlandese; oppure brandy, rum, rye whisky, bourbon, scotch

- 14 once Latte condensato zuccherato

- 1 tazzaCrema pesante

- 4 uova

- 2 cucchiai di sciroppo al gusto di cioccolato

- 2 cucchiaini di caffè istantaneo

- 1 cucchiaino di estratto di vaniglia

- ½ cucchiaino di estratto di mandorle

Nel contenitore del frullatore, unire tutti gli ingredienti, frullare fino a che liscio.

Conservare ben coperto in frigorifero fino a un mese. Mescolare prima di servire

WHISKY DI MALTO

15. Borbone Superiore Dungeness

- 60 ml di liquore allo zenzero
- 2 once (60 ml) di bourbon
- ½ limone biologico

a) Mettere il liquore allo zenzero e il limone in uno shaker o in un mixing glass. Pestare bene con muddler o un lungo cucchiaio di legno. Aggiungi circa una tazza di ghiaccio tritato e il bourbon. Mescolare bene fino a quando il bicchiere è ghiacciato. Versare nel bicchiere da cocktail o da vino; non sforzare. Guarnire con una fetta di limone.

b) I puristi insisteranno che uno smash non è uno smash senza menta, quindi vai avanti e guarnisci con menta fresca, se lo desideri.

16. Old Fashioned con infuso di pancetta

PER L'INFUSIONE BOURBON-PANCETTA:

- 3 o 4 fette di pancetta, o abbastanza per rendere 1 oncia di grasso (il PDT usa Benton's, ma qualsiasi varietà extra affumicata andrà bene)

- 1 750 ml. bottiglia di bourbon come Four Roses Yellow Label

PER I ANTICHI:

- 2 once di bourbon infuso di pancetta

- Sciroppo d'acero di grado B da 1/4 di oncia

- 2 gocce di bitter Angostura

- Twist di arancia

PER IL BOURBON CON PANCETTA: Cuocere la pancetta in padella e conservare il grasso fuso. (1) Quando il grasso della pancetta si è un po' raffreddato, versarne un'oncia dalla padella. (2) Versare il bourbon in un contenitore non poroso. (3) Filtrare il grasso della pancetta nel contenitore e lasciare in infusione per 4-6 ore a temperatura ambiente. Mettere il composto in freezer fino a quando tutto il grasso si sarà solidificato Con un mestolo forato, rimuovere il grasso e filtrare il composto nella bottiglia.

PER IL COCKTAIL: Nel mixing glass, mescolare 2 once di bourbon infuso di pancetta, sciroppo d'acero e bitter con ghiaccio. Filtrare in un bicchiere ghiacciato pieno di ghiaccio. Guarnire con twist d'arancia.

17. Liquore alla pesca

Ingrediente

- 1½ libbrePesche; pelati e affettati*

- 1½ tazza di zucchero

- 4 scorza di limone; strisce

- 3 chiodi di garofano interi

- 2 bastoncini di cannella

- 2 tazze di Bourbon

*Utilizzare pesche fresche per questa ricetta In una ciotola di vetro media, unire accuratamente tutti gli ingredienti. Scaldare 10 minuti a LIVELLO DI POTENZA 7 (Medio-Alto) finché lo zucchero non si sarà sciolto, mescolando una volta. Continuare la cottura a LIVELLO DI POTENZA 1 (Caldo) per altri 30 minuti, mescolando due volte. Coprire e lasciare riposare 3 o 4 giorni. Filtrare prima dell'uso.

18. Liquore alla crema al cioccolato

Ingrediente

- 2 tazzeCrema pesante

- 14 once Latte condensato zuccherato

- 1 tazza di whisky

- tazza di cacao amaro in polvere

- $1\frac{1}{2}$ cucchiaio di estratto di vaniglia

- 1 cucchiaio di polvere per espresso istantaneo

- 1 cucchiaioEstratto di cocco

In un robot da cucina, unire la panna, il latte condensato zuccherato, il whisky, il cacao, la vaniglia, l'espresso in polvere e l'estratto di cocco. Lavorare fino a quando non è ben amalgamato e liscio. 2. Servire immediatamente con ghiaccio. Oppure mettere in un contenitore di vetro, coprire

bene e conservare in frigorifero fino a 3 settimane.
Mescolare prima dell'uso.

19. Whisky di malto in stile scozzese

- 5 galloni (19 L) di acqua filtrata o non clorata
- Backset o acido citrico o tartarico, quanto basta per regolare il pH dell'acqua di poltiglia (vedi capitolo 8)
- 15 libbre (6,8 kg) di orzo bifilare maltato
- 225 g di malto torbato
- 1 confezione di lievito per whisky con enzimi
- 2 cucchiai (30 ml) di yogurt bianco o cultura per la produzione di formaggio secco

a) Pronto per assaggiare il mio primo whisky di malto!
b) Mettere $2\frac{1}{2}$ galloni d'acqua in una pentola da 8 o 10 galloni e scaldare a 71°C/160°F. Incorporare il malto d'orzo e il malto torbato. Mantieni la temperatura tra 67 ° C / 152 ° e 155° F per 90 minuti. Usa il test dello iodio per verificare la conversione dell'amido. Filtrare i grani dal mosto in un secchio di fermentazione da 8 galloni, usando

un grande sacchetto di colata. Lasciare il sacchetto sospeso nel fermentatore. Riscaldare 5 litri dell'acqua rimanente a 74 °C/165°F. Versa quest'acqua attraverso i grani nel sacchetto. Riscaldare i restanti 5 litri d'acqua a 82°C/180°F e ripetere il risciacquo dei grani. Lascia che i chicchi scolino completamente nel secchio di fermentazione, quindi metti da parte i chicchi.

c) Perché si chiama "Single Malt"?

d) A prima vista, ho pensato che significasse semplicemente che il whisky era fatto con un tipo di malto. In realtà, single malt per definizione significa un whisky di malto al 100% che è stato prodotto in una distilleria. Può essere una miscela di whisky di malto di età diverse. Se contiene whisky di anni diversi, tuttavia, l'indicazione dell'età sulla bottiglia si riferirà al whisky più giovane della miscela.

e) Raffreddare il mosto a 33°C/92°F. Controllare il peso specifico e registrare. Aggiungere il lievito e lo yogurt o la coltura del formaggio. Fermentare a temperatura ambiente da 2 a 6 giorni, o fino a quando la fermentazione non è notevolmente rallentata o interrotta. Controllare di nuovo il peso specifico e registrare questo numero.

f) Trasferisci il mosto nell'alambicco, lasciando il sedimento di lievito nel mosto. Fai prima una corsa di spogliatura; dovresti avere vini bassi intorno al 30% di ABV. Quindi gli spiriti corrono, passando dalle teste ai cuori quando il distillato emergente raggiunge l'80% di gradazione alcolica. Raccogli i cuori fino a quando il distillato emergente è sceso dal 60% al 62% di ABV prima di passare alle code.

g) Salva le teste e le code da tutti gli alcolici di whisky e mescolale insieme in un barattolo di vetro o una bottiglia. Aggiungi una piccola quantità di questa miscela (chiamata "finta") alla tua prossima corsa di whisky. Questo è comunemente fatto nelle distillerie commerciali e fa parte della mistica; in qualche modo le finte aggiunte migliorano il sapore del whisky finito. Funziona altrettanto bene in piccoli lotti come questo.

20. liquore "ciliegia peccaminosa"

Ingrediente
- 2 vasetti da un litro

- 2 fette di limone
- 1 Quinto VO
- Bing ciliegie
- 2 cucchiai di zucchero

Riempi ogni vasetto per metà con le ciliegie. Aggiungere a ciascuna fetta di limone e un cucchiaio di zucchero. Quindi riempire fino all'orlo con VO Chiudere bene il coperchio, agitare e mettere in un luogo fresco per 6 mesi. Le ciliegie sono la parte più golosa della bevanda; dai da mangiare al tuo amante!

21. whisky irlandese

- 5 galloni (19 L) di acqua filtrata o non clorata
- 7½ libbre (3,4 kg) di orzo bifilare maltato, incrinato
- 7½ libbre (3,4 kg) di orzo non maltato, incrinato
- Backset o acido citrico o tartarico, quanto basta per regolare il pH dell'acqua di poltiglia (vedi capitolo 8)
- 30 ml di lievito di distillatore
- 2 cucchiai (30 ml) di yogurt bianco (facoltativo)

a) Riscaldare 2½ galloni d'acqua a 71°C/160°F. Se necessario, regolare il pH. Aggiungere l'orzo non maltato spezzato, poi il malto d'orzo e mescolare per inumidire tutto il chicco. Mantieni la temperatura del mosto a 67 ° C/152 ° F per 90 minuti. Scolare il liquido dai chicchi nel secchio di fermentazione. Riscaldare 5 litri d'acqua a 74 ° C/165° F e lavare i cereali schiacciati; drenare il liquido nel secchio di fermentazione. Riscaldare i restanti 5 litri d'acqua a 82°C/180°F e sciacquare i cereali come prima. Versare tutto il liquido nel secchio di fermentazione e mescolare bene.

b) Raffreddare a circa 29°C/85°F; controllare e registrare il peso specifico. Aggiungere il lievito e lo yogurt (se lo si usa). Metti il coperchio e la camera di equilibrio in posizione e fai fermentare in un luogo caldo per 72-96 ore.

c) Trasferisci il bucato nell'alambicco e fai una corsa di stripping. I tuoi vini bassi dovrebbero essere intorno al 30% ABV. Fai una corsa di spirito, facendo tagliare le teste quando il distillato emergente raggiunge l'80% di vol. Passare alle code quando il distillato emergente è di circa il 55% ABV. Ora fai un'altra corsa spirituale sui cuori dalla prima corsa spirituale. Distilla questa corsa come prima, ma solo fino a quando i cuori accumulati sono tra l'80% e il 90% di ABV.

22. Liquore al whisky facile

- 1 bottiglia di whisky
- 2 tazze di miele di fiori d'arancio
- scorza di 2 arance o mandarini
- 4 cucchiai di semi di coriandolo, ammaccati

a) Sciacquare il barattolo con acqua bollente. Scolare.
b) Mescola tutto insieme nel barattolo, metti il coperchio e agita una volta al giorno per un mese. Assaggia e decidi se vuoi più miele o più sapore di arancia. Filtrare o filtrare e imbottigliare il liquore.

23. Ricetta Borbone

- 5 galloni (19 L) di acqua filtrata o non clorata
- 10 libbre (4,5 kg) di mais spezzato
- 1¼ libbre (0,6 kg) di bacche di segale spezzate
- 1¼ libbre (0,6 kg) di grano in fiocchi
- 2½ libbre (1,1 kg) di malto d'orzo
- 1 confezione di lievito per whisky/combinazione enzimatica

a) Riscaldare l'acqua in una pentola capiente a 71°C/160°F. Mescolare il mais, le bacche di segale e il grano in fiocchi, seguiti dal malto d'orzo. Metti il coperchio sulla pentola e mantieni la temperatura a 66°-68°C/152°-155°F per 60 minuti. Testare la conversione dell'amido utilizzando il test dello iodio e, se necessario, tenere premuto per altri 60 minuti per la conversione completa dell'amido.

b) Raffreddare il mosto a 33°C/92°F. Trasferisci il mosto in un secchio di fermentazione da 8 galloni. Aggiungi il lievito. Fermenta a caldo (29°-32°C/85°-90°F se possibile) per 2-4 giorni. Filtrare il liquido dai grani. Controllare e registrare il peso specifico del lavaggio.

c) Trasferisci il lavaggio nell'alambicco, compreso il lievito, e fai una corsa di strippaggio. I vini bassi dovrebbero essere circa il 30% ABV. Quindi fai una corsa di spirito, facendo il taglio ai cuori quando il distillato emergente è sceso all'80% di ABV. Distillare fino a quando i cuori accumulati sono tra il 68% e il 75% di ABV.

d) Invecchia il tuo bourbon usando trucioli di quercia molto carbonizzati. Suggerisco da 4 a 6 mesi per qualsiasi cosa fino a un gallone, forse da 2 a 3 mesi se hai meno di mezzo gallone.

e) Sacchi da 20 chili di mais spezzato biologico per fare bourbon e altri whisky.

f) Variazioni sul tema borbonico

g) La segale aggiunge note speziate al whisky. Per aumentare la spezia nel tuo bourbon (noto come high rye bourbon), aumenta semplicemente la percentuale di segale nella tua formula. Per il wheated bourbon, prova a sostituire la segale nella ricetta base con fiocchi di grano. Il grano può aggiungere morbidezza al whisky, ma attenzione a non aggiungerne troppo; potrebbe attenuare il carattere bourbon più di quanto volevi.

24. Ricetta del whisky di segale

- 5 galloni (19 L) di acqua filtrata o non clorata
- 10 libbre (4,5 kg) di bacche di segale spezzate
- 2½ libbre (1,1 kg) di segale maltata
- 2½ libbre (1,1 kg) di malto d'orzo spezzato
- 1 confezione di lievito per whisky/combinazione enzimatica
- 2 cucchiai di yogurt bianco o cultura per la produzione di formaggio secco (opzionale)

a) Riscaldare l'acqua in una pentola capiente a 71°C/160°F. Incorporare le bacche di segale e la segale maltata, seguite dall'orzo maltato. Metti il coperchio sulla pentola e mantieni la temperatura a 66°-68°C/152°-155°F per 60 minuti. Testare la conversione dell'amido utilizzando il test dello iodio e, se necessario, tenere premuto per altri 60 minuti per la conversione completa dell'amido.

b) Raffreddare il mosto a 33°C/92°F. Trasferisci il mosto in un secchio di fermentazione da 8 galloni. Aggiungi lievito e yogurt o cultura del formaggio (se lo usi). Fermenta a temperatura ambiente per 2 o 3 giorni. Filtrare il liquido dai grani. Controllare e registrare il peso specifico del lavaggio.

c) Trasferisci il bucato nell'alambicco e fai una corsa di stripping. I vini bassi dovrebbero essere circa il 30% ABV. Quindi fai una corsa di spirito, facendo il taglio ai cuori quando il distillato emergente è sceso all'80% di ABV. Passa alle code quando il distillato emergente è sceso al 62%–65% ABV.

GIN

25. Cajun Martini

Ingrediente

- 1.00pepe jalapeño; affettato fino al gambo

- ½bottiglia di gin

- ½bottiglia di vermut

- Pomodoro verde sott'aceto

Aggiungi il jalapeno alla bottiglia di gin, riempi la bottiglia di gin fino al labbro con il vermouth.

Refrigerare da 8 a 16 ore (ma non di più). Filtrare attraverso un doppio strato di garza in un imbuto in una bottiglia pulita.

Versare nel bicchiere ghiacciato. Guarnire con pomodoro verde sottaceto.

.

26. Arrosto di cinghiale al liquore

Ingrediente

- 1 cosciotto di cinghiale

- 1 cucchiaio di bacche di ginepro

- 1 cucchiaio di semi di coriandolo

- 1 cucchiaioSale marino grosso

- 2 cucchiai di senape inglese in grani

- Foglie tagliate di un bel rametto di

- ; rosmarino

- Scorza grattugiata di 2 limoni e succo di 1

- ; Limone

- 1 cucchiaioPepe nero macinato fresco

- pintGin

- 4 cucchiai di liquore al ribes nero; (da 4 a 5)

- 2 libbre di sedano rapa; (da 2 a 3)

Rimuovere la pelle del cinghiale in un unico pezzo, eliminare la maggior parte del grasso e pulire bene la carne.

Macinare le bacche di ginepro, il coriandolo e il rosmarino con il sale e mescolare con il resto degli ingredienti. Strofinare la pasta sulla carne, coprire con la pelle e lasciare per un'ora o due, o durante la notte se più conveniente.

Preriscaldare il forno a 150°C/300°F/gas 3. Sbucciare e tagliare il sedano rapa in pezzi grandi quanto il sughero e disporlo in una teglia unta. Adagiate sopra la coscia, coprite con la pelle e infornate.

Cuocere per 25-30 minuti per libbra, più alla fine della cottura, altri 20 minuti a 200°C/400°F/gas 6. Lasciare riposare la carne per 20 minuti prima di tagliarla a fette sottili.

Servire con verdure a radice extra arrostite al forno o verdure al vapore come sedano, porri e finocchi. Preparare una salsa con i succhi di carne bolliti e servire con un po' di gelatina di frutta piccante fatta in casa.

BRANDY

27.   Liquore all'arancia di David

- Circa 32 once (1 L) di brandy (fatto in casa o almeno non la roba più economica in circolazione)
- 2 libbre (0,9 kg) di mandarini biologici
- ½ tazza (125 ml) di scorza di arancia dolce biologica essiccata
- Sciroppo semplice

a) Nota: consiglio vivamente di utilizzare agrumi biologici ogni volta che usi la buccia; i frutti non biologici possono avere residui di pesticidi che non vuoi nelle tue infusioni, quindi è più facile evitarli scegliendo il biologico.
b) Prepara due barattoli di muratore a bocca larga da 1 quarto di litro. Sbucciare i mandarini e tagliare le bucce a pezzi abbastanza piccoli; questo aumenta la superficie della buccia che sarà esposta al brandy. Dividete la buccia tra i due vasetti. Aggiungere metà della buccia d'arancia essiccata in ogni barattolo. Aggiungi brandy a ciascun barattolo a circa un pollice dalla parte superiore. Metti i coperchi. Lasciare riposare i vasetti a temperatura ambiente, al riparo dal sole, per almeno 2 giorni; L'ho lasciato andare fino a una settimana con buoni risultati.

Agitare delicatamente i vasetti almeno una volta al giorno. Dopo i primi 2 giorni, inizia ad annusare l'infuso ogni giorno e smetti di infondere quando l'aroma ti è gradito.

c) Filtrare la frutta dal brandy. Dovresti avere circa 25-28 once (750-875 ml) di liquido. Aggiungere lo sciroppo semplice a piacere e imbottigliare. Come linea guida, abbiamo usato 1 cucchiaino (5 ml) di sciroppo semplice per ogni oncia fluida di liquore; aggiungi un po' alla volta e assaggia fino a quando la dolcezza ti si addice, e assicurati di prendere nota di quanto sciroppo semplice hai usato! Sospetto che ti piacerà così tanto questo liquore che lo rifarai.

d) Il liquore è pronto all'uso, ma consiglio di lasciarlo riposare in un luogo fresco e buio per almeno un mese.

28. liquore all'amaretto

Ingrediente

- 1 tazza di zucchero semolato

- tazzaAcqua

- 2 metà di albicocche secche

- 1 cucchiaioEstratto di mandorle

- $\frac{1}{2}$ tazza di alcool puro e

- $\frac{1}{2}$ tazzaAcqua

- 1 tazza Brandy

- 3 gocce di colorante alimentare giallo

- 6 gocce di colorante alimentare rosso

- 2 gocce di colorante alimentare blu

- $\frac{1}{2}$ cucchiainoGlicerina

Unire lo zucchero e $\frac{3}{4}$ tazza di acqua in una piccola casseruola. Portare a ebollizione, mescolando continuamente. Ridurre il fuoco e cuocere a fuoco lento fino a quando tutto lo zucchero si sarà sciolto. Togliere dal fuoco e raffreddare.

In un contenitore per l'invecchiamento, unire le metà di albicocca, l'estratto di mandorle, l'alcol di cereali con $\frac{1}{2}$ tazza di acqua e il brandy.

Incorporare la miscela di sciroppo di zucchero raffreddata. Tappare e lasciare invecchiare per 2 giorni. Rimuovere le metà delle albicocche. (Conservare le metà delle albicocche, perché possono essere usate per cucinare). Aggiungi colorante alimentare e glicerina. Mescolare, ricapitolare e continuare a stagionare per 1 o 2 mesi.

Ri-imbottigliare a piacere. Il liquore è pronto da servire ma continuerà a migliorare con l'ulteriore invecchiamento.

29. torta alla mousse di cioccolato

Ingrediente
- ½ tazza di zucchero semolato
- ½ tazzaAcqua
- 8 cucchiai (1 stecca) di burro non salato
- 12 onceCioccolato semidolce o agrodolce
- ⅓ tazzaLiquore dolce, come Cointreau o Chambord
- 6 uova
- 1 tazzaCrema pesante
- 2 cucchiai di zucchero
- 1Cesto di lamponi freschi (facoltativo)

Preriscaldare il forno a 325 gradi e posizionare una griglia al livello centrale. Imburrare una teglia rotonda da 8 pollici e foderare il fondo con un disco di pergamena o carta cerata tagliata a misura. Imburrare la carta. Tagliare finemente il cioccolato e metterlo da parte.

Unire lo zucchero e l'acqua in una casseruola e portare a ebollizione a fuoco basso, mescolando di tanto in tanto per far sciogliere tutti i cristalli di zucchero.

Togliere lo sciroppo dal fuoco e mantecare con il burro e il cioccolato; lasciare riposare 5 minuti. Sbattere bene.

Sbattere il liquore e le uova, una alla volta, nel composto di cioccolato, facendo attenzione a non mescolare troppo.

Mettere 1 pollice di acqua calda in una piccola teglia. Versare la pastella nella teglia rotonda da 8 pollici preparata e cuocere in forno per circa 45 minuti, finché non si è rappresa e leggermente asciutta in superficie. Rimuovere la teglia rotonda dalla teglia e raffreddare a temperatura ambiente nella padella e coprire con pellicola. Refrigerare il dessert in padella. Per sformare, passare un coltello tra il dolce e la padella e passare il fondo della padella sul fuoco. Capovolgere e rimuovere la carta. Capovolgere in un piatto.

Per finire montate la panna con lo zucchero fino a che non avrà una punta morbida. Spalmare la panna montata sulla parte superiore del dolce. Decorate la superficie con i lamponi.

30. Liquore all'Albicocca

- 1 tazza d'acqua

- 1 albicocche secche snocciolate

- 1 cucchiaio di zucchero a velo

- 1 tazza di mandorle a lamelle

- 2 tazze di brandy

- 1 tazza di zucchero

- 1 tazza d'acqua

Mettere l'acqua in una casseruola, portare a bollore e togliere dal fuoco. Aggiungere le albicocche e lasciare in ammollo per

10 minuti o fino a quando la maggior parte dell'acqua non viene assorbita. Lasciate raffreddare. Scolare l'acqua rimanente.

Mettere le albicocche in un barattolo e cospargerle di zucchero a velo. Quando lo zucchero si sarà sciolto aggiungete le mandorle e il brandy. Mescolare bene per amalgamare. Coprire bene e lasciare in infusione in un luogo fresco e buio per almeno 2 settimane. Al termine del periodo di macerazione, macchiare e filtrare il liquido.

Unire lo zucchero e l'acqua in una casseruola pesante. Portare a bollore a fuoco medio. Ridurre il fuoco e cuocere a fuoco lento fino a quando lo zucchero non si è completamente sciolto, circa 3 minuti. Togliete dal fuoco e lasciate raffreddare a temperatura ambiente.

Unire lo sciroppo di zucchero al composto di brandy filtrato. Versare nelle bottiglie e tappare bene. Lasciare invecchiare almeno 1 mese prima di servire.

31. Gusci di liquore al cioccolato

Ingrediente

- 3 once Ciascuno di semi-dolce o agrodolce, latte e bianco

- 3 once Cioccolato bianco, tritato

- 2 uova, separate

- 1 cucchiaioCiascuno di Tia Maria, crème de

- Cioccolato, fuso in ciotole separate Menthe o Cointreau

- colorante alimentare se lo si desidera

Con un cucchiaio, spalmare uniformemente il cioccolato fuso all'interno di 12 pirottini di carta. Capovolgere le tazze su un piatto. Refrigerare fino al set. Staccare delicatamente la carta.

Sciogliere lentamente il cioccolato bianco. Togliere dal fuoco; sbattere velocemente nei tuorli d'uovo. Mettere da parte. In una ciotola a parte montate gli albumi a neve ben ferma, ma non asciutti. Dividi il tuorlo d'uovo min in tre ciotole separate e aggiungi 1 cucchiaino di un liquore diverso in ogni ciotola. Se lo desideri, aggiungi una o due gocce di colorante alimentare verde nella ciotola contenente la crema di menta.

È possibile aggiungere una o due gocce di colorante giallo alla miscela Cointreau. Incorporare delicatamente un terzo degli albumi in ciascuna delle ciotole.

Cucchiaio nei gusci di cioccolato. Refrigerare 2 ore. Questi gusci dovrebbero essere consumati entro 24 ore. I cioccolatini possono essere preparati in anticipo e conservati in un luogo fresco e asciutto.

32. Confettura al liquore di fragole

Ingrediente

- 500 grammi di fragole

- 1 mela verde media

- Succo di 1 lime

- $1\frac{3}{4}$ tazza di zucchero

- 2 cucchiai di Grand Marnier

Lavate e mondate le fragole. Sbucciare, togliere il torsolo e
tritare finemente la mela. Aggiungere il succo di lime e
lasciare riposare coperto per 30 minuti. Metti nel microonde
la frutta e il succo per 4 minuti alla massima potenza.
Aggiungere lo zucchero, mescolare e cuocere a microonde per

35 minuti alla massima potenza, mescolando ogni 10 minuti. Aspetta cinque minuti, versa in barattoli sterili caldi. Foca.

33. Liquore di lamponi

Ingrediente

- 4,00 tazza di lamponi secchi puliti
- 4,00 bicchieri Brandy
- 2,00 tazzaZucchero
- $\frac{1}{2}$ tazzaAcqua

Mettere i lamponi in un barattolo e coprire con il brandy. Sigillare e conservare sul davanzale soleggiato per 2 mesi. Mettere lo zucchero in una casseruola con lo zucchero e scaldare quanto basta per sciogliere lo zucchero. Versare lo sciroppo sul liquore di lamponi. Filtrare e imbottigliare.

34. liquore di mele

- 1 libbra di mele rosse deliziose o altre mele dolci

- 1 stecca di cannella da 2 pollici

- 2 chiodi di garofano interi

- 2 tazze di brandy

- 1 tazza di zucchero

- 1 tazza d'acqua

Tagliare le mele in quarti e togliere i torsoli, non sbucciare. Tagliare i quarti a metà. Unire le mele, la stecca di cannella, i chiodi di garofano e il brandy in un barattolo grande. Coprire bene e lasciare in infusione in un luogo fresco e buio per 2 settimane.

Al termine del periodo di macerazione, macchiare e filtrare il liquido. Unire lo zucchero e l'acqua in una casseruola capiente. Portare a ebollizione a fuoco medio. Riaccendere il fuoco e far sobbollire fino a quando lo zucchero si è completamente sciolto, circa 3 minuti. Togliete dal fuoco e lasciate raffreddare a temperatura ambiente.

Unire lo sciroppo di zucchero al composto di brandy sfilettato. Versare nelle bottiglie e tappare bene. Lasciare invecchiare almeno 1 mese prima di servire.

35. zabaione californiano

Ingrediente
- 1 quarto di zabaione preparato freddo
- 1½ tazza di brandy di albicocche
- tazzaTriple Sec
- Noce moscata, per guarnire

In una grande brocca, unire lo zabaione, il brandy di albicocche e il Triple Sec.

Mescolare bene per amalgamare.

Coprire e conservare in frigorifero almeno quattro ore per amalgamare i sapori.

Al momento di servire guarnite ogni porzione con una spolverata di noce moscata.

36. Coppe di liquore al cioccolato

Ingrediente

- cupBraum's o Smucker's senza grassi topping al cioccolato

- 1 ciascuno (1,3 once) preparato Dream Whip

- 6 Tb Kahlua

- 6 Tb Cointreau

- 6 Tb Uva Noci Cereali

- 1 quarto di litro Yogurt alla vaniglia scremato congelato o gelato senza grassi

Versare 2 cucchiai di topping al fondente in ciascuno dei 6 bicchierini di brandy.

Metti una pallina di yogurt gelato in ciascuna; top con frusta da sogno. Versare 1 cucchiaio di ogni liquore su ogni bicchierino. Cospargere con noci d'uva.

37. Composta di frutta infusa nel tè

Ingrediente

- 3 cucchiaini arrotondati di foglie di tè Earl Grey; (da 3 a 4)

- 400 millilitri Acqua bollente; (14 once fluide)

- 3 strisce di scorza di lime; (da 3 a 4)

- 1 lime; succo di

- 100 grammi di zucchero semolato; (3 1/2 once)

- 3 cucchiai Brandy da cucina; (da 3 a 4)

- 75 grammi Pesche essiccate; (2 1/2 once)

- 75 grammi Albicocche secche; (2 1/2 once)

- 75 grammi Mirtilli rossi secchi; (2 1/2 once)

- 2 Pere fresche; pelati, privati del torsolo e; affettato

- 2 Mele fresche mature da dessert; pelati, privati del torsolo e; affettato

Infondere le foglie di tè in 250 ml di acqua bollente per 5 minuti, quindi filtrare. Scartare le foglie. Mettere l'infuso di tè filtrato in una padella con la scorza di lime e lo zucchero e cuocere a fuoco lento finché lo zucchero non si sarà sciolto. Far bollire per qualche minuto per ridurre leggermente e far addensare leggermente il composto. Aggiungere il brandy e il succo di lime. Disponete la frutta secca e fresca in una ciotola da portata e versateci sopra lo sciroppo. Lasciare riposare 3-4 ore prima di servire.

38. Cheesecake marmorizzata

Ingrediente
- $8\frac{1}{2}$ oncePacchetto wafer al cioccolato
- $\frac{3}{8}$ tazzaBurro non salato, fuso
- 6 onceCioccolato agrodolce,
- Tritato
- ⅓ tazzaCaffè, appena fatto
- 2 libbreFormaggio cremoso, ammorbidito
- 1 tazza di zucchero
- 4 uova, a temperatura ambiente
- 1 tazza di Yogurt, al naturale
- 2 cucchiai Grand Marnier o altro
- Liquore all'arancia
- 1 cucchiainoVaniglia
- tazzaFarina
- cucchiainoSale
- 1 cucchiaio di scorza d'arancia grattugiata

Preriscaldare il forno a 325F. Imburrare solo il lato di una teglia a cerniera da 9 pollici; avvolgere all'esterno con carta stagnola e mettere da parte.

Polverizzare i wafer nel robot da cucina. Unire le briciole con il burro fuso e premere uniformemente sul fondo e sul lato superiore della padella; mettere da parte.

Sciogliere il cioccolato nel caffè; battere fino a che liscio. mettere da parte.

Sbattere il formaggio cremoso fino a renderlo cremoso e liscio. Sbattere lentamente lo zucchero fino a che liscio e cremoso. Sbattere le uova, una alla volta, fino a incorporarle.

Sbattere lo yogurt, il Grand Marnier e la vaniglia. Abbassare la velocità e unire la farina e il sale.

Mescolare il cioccolato fuso in $1\frac{1}{2}$ tazze di pastella. Mescolare la buccia d'arancia nella pastella normale.

Versare la pastella all'arancia nella padella preparata. Metti la pastella al cioccolato, in 8 plps, sopra. Agitare con un coltello da tavola fino a marmorizzazione a proprio piacimento.

Spingere le briciole più alte della pastella su di essa creando un bordo di briciole.

Cuocere fino a quando non si ferma intorno al bordo, ma ancora traballante al centro, circa un'ora. Raffreddare in padella su una gratella. Rilasciare delicatamente il lato della padella. Servire a temperatura ambiente o fredda per una consistenza più consistente.

39. Liquore wishniak alla ciliegia

Ingrediente
- ½ libbre di ciliegie Bing
- ½ libbreZucchero semolato
- 2 tazzeVodka o brandy

Lavate le ciliegie e il gambo e mettetele ad asciugare su un canovaccio. Metti delicatamente le ciliegie in un barattolo da 1 quarto. Versare lo zucchero sulle ciliegie. Non mescolare o agitare. Versare la vodka o il brandy su zucchero e ciliegie. Non mescolare. Copri bene con un coperchio e metti il barattolo su un ripiano alto in un armadietto buio. Lasciare riposare per 3 mesi senza mescolare o agitare. Filtrare in una bottiglia da 1 quarto; la polpa della ciliegia si sarà sciolta. Resa da 2 ½ a 3 tazze.

40. Liquore Di Mandorle

- 1 tazza di zucchero

- 1 tazza d'acqua

- 2 tazze di vodka

- 2 tazze di brandy

- 4 cucchiaini di estratto di mandorle

Unire lo zucchero e l'acqua in una casseruola pesante. Portare a ebollizione a fuoco medio. Ridurre il fuoco e cuocere a fuoco lento fino a quando lo zucchero non si è completamente sciolto, circa 3 minuti. Togliete dal fuoco e lasciate raffreddare a temperatura ambiente.

Unire lo sciroppo di zucchero, la vodka, il brandy e l'estratto di mandorle. Versare nelle bottiglie e tappare bene. Lasciare invecchiare almeno 1 mese prima di servire.

41. Liquore alla pera

- 1 pere mature sode

- 2 chiodi di garofano interi

- 1 stecca di cannella da 1 pollice

- Pizzico di noce moscata

- 1 tazza di zucchero

- 1 tazze di brandy

Sbucciare le pere e tagliarle a pezzi da 1 pollice, non
sbucciarle. Mettere in un barattolo con chiodi di garofano,
cannella, noce moscata, zucchero e brandy. Coprire bene e

lasciare in infusione per 2 settimane a temperatura ambiente. Agitare il barattolo ogni giorno. Al termine del periodo di macerazione, filtrare e filtrare il liquido.

42. Liquore allo Zenzero

- 2 once (60 g) di radice di zenzero fresco, sbucciata
- 1 bacca di vaniglia
- 250 g di zucchero (o 175 ml di miele)
- 1½ tazze (375 ml) di acqua
- Scorza di 1 arancia biologica o tazza (60 ml) di scorza d'arancia biologica essiccata
- 1½ tazze (375 ml) di brandy

a) Ancora una volta, consiglio di usare il brandy come base per questo delizioso liquore. Affettare sottilmente lo zenzero. Dividi il baccello di vaniglia per il lungo.

b) In una casseruola portare a bollore lo zenzero, la bacca di vaniglia, lo zucchero e l'acqua. Abbassare il fuoco e cuocere a fuoco lento per 20 minuti. Togliete dal fuoco e lasciate raffreddare.

c) Versate lo sciroppo in un barattolo (non filtratelo), aggiungete la scorza o buccia d'arancia e il brandy.

Sigillalo, agitalo e lascialo in infusione per un giorno; togliete la bacca di vaniglia e lasciate in infusione almeno un altro giorno. Ho lasciato il mio in infusione per 5 giorni in totale con buoni risultati, ma poi mi piace molto il sapore di zenzero.

d) Filtrare in una bottiglia. Lascialo riposare per almeno 2 settimane (se riesci a sopportarlo) prima dell'uso.

COGNAC

43. Liquore all'arancia grande-cognac

Ingrediente

- ⅓ tazzaScorza d'arancia

- ½ tazza di zucchero semolato

- 2 tazze di cognac o brandy francese

- ½ cucchiainoGlicerina

Il Grand Marnier è un classico liquore all'arancia da assaporare. Sebbene sia possibile utilizzare il normale brandy, si consiglia un buon cognac o un brandy francese per un sapore migliore. Pronto in 5-6 mesi. Fa circa 1 pinta.

Mettere la scorza e lo zucchero in una piccola ciotola. Schiacciate e mescolate con il dorso di un cucchiaio di legno o di un pestello.

Continuare a schiacciare fino a quando lo zucchero non viene assorbito dalla scorza d'arancia e non è più distinto. Mettere nel contenitore di invecchiamento. Aggiungi il cognac. Mescolare, tappare e lasciare invecchiare in un luogo fresco e buio per 2 o 3 mesi, agitando mensilmente.

Dopo l'invecchiamento iniziale, versare attraverso un colino a maglia fine posto su una ciotola media. Risciacquare il contenitore di invecchiamento.

Versare la glicerina nel contenitore di invecchiamento e posizionare il sacchetto di stoffa all'interno del colino. Versare il liquore attraverso un sacchetto di stoffa. Mescolate con un cucchiaio di legno per amalgamare. Tappare e invecchiare altri 3 mesi prima di servire.

44. Fichi freschi curacao

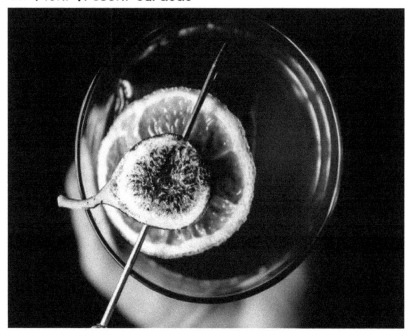

Ingrediente

- 12.00Fig, fresco; sbucciato e squartato

- 1,00 cucchiaio di Cognac

- 1.00 tazza di panna montata, montata

- ⅓ coppaCuracao

Marinare i fichi nel cognac per 30 minuti o più. Mescolare la panna e Cura#ao. Incorporate i fichi e l'eventuale cognac che non hanno assorbito.

AMARO

45.   Amaro all'arancia

- Scorza di 3 arance biologiche, tagliate a striscioline sottili
- tazza (60 ml) di scorza d'arancia biologica essiccata
- 4 chiodi di garofano interi
- 8 baccelli di cardamomo verde, incrinati
- $\frac{1}{4}$ cucchiaino (1 ml) di semi di coriandolo
- $\frac{1}{2}$ cucchiaino (2 ml) di radice di genziana essiccata
- $\frac{1}{4}$ cucchiaino (1 ml) di pimento intero
- 2 tazze (0,5 L) di vodka ad alta gradazione (non lesinare sui marchi economici qui)
- 1 tazza (250 ml) di acqua
- 2 cucchiai (30 ml) di sciroppo ricco Rich

a) Metti la scorza d'arancia, la scorza d'arancia essiccata, le spezie e la radice di genziana in un barattolo Mason da 1 quarto. Aggiungere la vodka, aggiungendone un po' di più se necessario per coprire completamente gli ingredienti. Mettere il coperchio e conservare a temperatura ambiente per 2 settimane. Agitare delicatamente il barattolo una volta al giorno.

b) Filtrare il liquido, usando una garza o un filtro per caffè, in un barattolo di vetro pulito da 1 quarto di litro. Ripetere lo sforzo fino a rimuovere tutti i sedimenti. Strizza la garza per far passare quanto più liquido possibile. Trasferire i solidi in una piccola casseruola. Coprire il barattolo e mettere da parte.

c) Versare l'acqua sui solidi nella casseruola e portare a ebollizione a fuoco medio. Coprite la padella, abbassate la fiamma al minimo e fate sobbollire per 10 minuti. Togliete dal fuoco e lasciate raffreddare completamente.

d) Aggiungi il liquido e i solidi nella casseruola in un altro barattolo Mason da 1 quarto. Coprire e conservare a temperatura ambiente per una settimana, agitando il barattolo ogni giorno. Filtrare i solidi, usando una garza, e scartare i solidi. Aggiungi il liquido al barattolo con la miscela di vodka originale. Aggiungere lo sciroppo ricco, mescolare per amalgamare bene, quindi mettere il coperchio e agitare per fondere e sciogliere lo sciroppo.

e) Conservare il barattolo a temperatura ambiente per 3 giorni. Quindi schiumare tutto ciò che galleggia in superficie e filtrarlo ancora una volta attraverso una garza. Usa un imbuto per imbottigliarlo e il gioco è fatto! Questi amari hanno il miglior sapore se usati entro un anno, anche se dureranno quasi indefinitamente.

MISCELATORI

46. Acqua tonica fatta in casa

- 4 tazze (1 L) di acqua
- 250 ml di citronella tritata (circa un gambo grande)
- tazza (60 ml) di corteccia di china in polvere
- scorza e succo di 1 arancia
- scorza e succo di 1 limone
- scorza e succo di 1 lime
- 1 cucchiaino (5 ml) di bacche di pimento intere
- $\frac{1}{4}$ tazza (60 ml) di acido citrico
- $\frac{1}{4}$ cucchiaino (1 ml) di sale kosher
- Sciroppi fatti in casa per preparare acqua tonica (a sinistra) e ginger ale.

a) Unire gli ingredienti in una casseruola media e portare a ebollizione a fuoco alto. Quando il composto inizia a bollire, abbassare la fiamma al minimo, coprire e cuocere a fuoco lento per 20 minuti. Togliere dal fuoco e filtrare i solidi usando un colino o uno chinois. Dovrai filtrare finemente la miscela, poiché contiene ancora un po' della corteccia di china. Puoi usare un filtro per caffè e aspettare un'ora o più, o fare come me e far passare l'intera miscela attraverso una pressa per caffè francese.

b) Ho avuto ottimi risultati semplicemente lasciando riposare la miscela indisturbata per almeno alcuni giorni e fino a una settimana. Funziona particolarmente bene in frigorifero. I solidi si depositano sul fondo e puoi estrarre il liquido trasparente o versarlo con cura in un altro barattolo pulito. Ci vuole un po' di più in questo modo, ma penso che ne valga la pena.

c) Una volta che sei soddisfatto della limpidezza del tuo mix, riscaldalo di nuovo sul fornello o nel microonde, quindi aggiungi $\frac{3}{4}$ di tazza di sciroppo d'agave a ogni tazza del tuo mix caldo. Mescolare fino ad amalgamare e conservare nella bottiglia attraente di vostra scelta.

47. Sciroppo allo zenzero delle fattorie

In una pentola in acciaio inossidabile o smaltato, unire:

- 9 tazze (2,04 kg) di zucchero (io uso zucchero bianco biologico; lo zucchero di canna dà un sapore diverso)
- 18 tazze (4,3 L) di acqua, preferibilmente non clorata o filtrata
- 6 once (180 g) di zenzero biologico fresco, affettato sottilmente (sbucciato o non pelato, come preferisci)
- Coprire e portare a ebollizione a fuoco medio-alto, mescolando per sciogliere lo zucchero. Quando lo sciroppo raggiunge il bollore, spegnete il fuoco. Lasciare il coperchio e lasciare in infusione per almeno 10 minuti. Mentre lo sciroppo si scalda, sbucciare e spremere sottilmente:
- 3 limoni biologici (dato che stai usando la buccia, vuoi davvero usare i limoni biologici per questo)

a) Dividi i pezzi di scorza di limone in 6 pile uguali. Rimuovere i pezzi di zenzero dallo sciroppo con una schiumarola o un piccolo colino. Filtrare i semi dal succo di limone e aggiungere il succo allo sciroppo caldo.

b) Taking the jars one at a time, empty out the water and put one pile of the lemon peel in the jar. Using a canning funnel, fill the jar with hot syrup to within $\frac{1}{4}$" of the top and seal with the canning lids and rings. Let cool completely on rack. Remove rings before storing. Label jars and store in a cool place. Refrigerate after opening.

48. Ginger Syrup a Jar at a Time

To make ginger syrup one quart at a time, use the following quantities:

- 1½ cups (375 ml) sugar
- 3 cups (750 ml) water
- 1 ounce (30 g) fresh ginger
- Juice and peel of ½ organic lemon

a) For a stronger ginger taste, leave one slice of ginger in the jar before sealing the lid.

b) Besides the aforementioned Canadian whiskey and ginger ale, here are a few suggestions for using ginger syrup:

49. Just Plain Ginger Ale

- 2 shots ginger syrup
- 5 to 6 ounces (150 to 180 ml) soda water

a) You might also try drizzling ginger syrup over your fruit salad and yogurt in the morning. How about using the ginger syrup in a marinade for pork roast? Once you've tried it, I bet you'll come up with more ways to use this versatile syrup.

50. Orgeat

- 2 cups (500 ml) raw almonds, sliced or chopped
- 1½ cups (375 ml) sugar
- 1¼ cups (300 ml) water
- 1 teaspoon (5 ml) orange flower water (or homemade orange bitters)
- 1 ounce (30 ml) vodka

Mix

51.   Maraschino liquor

- Maraschino Cherries
- Fresh cherries (a sour variety is best), washed and pitted
- Maraschino liqueur or brandy or bourbon

Loosely fill a clean 1-quart Mason jar with cherries. Add maraschino liqueur, brandy or bourbon to completely cover them. Put the lid on the jar and refrigerate. They will be ready to use in about a week. For best flavor, use within a month or so. (Trust me, once a jar of these is opened, you won't have any trouble using them up.)

52.   Soda pop

- 4 ozs. Homebrew brand extract, any flavor OR 4-6 ozs. other extracts (be sure to shake the bottle before using)
- 2½ gallons water
- 4½ cups sugar
- ¼-½ tsp. champagne yeast
- 24-28 12 oz. beer or soda bottles and crown caps

a) Dissolve the yeast in one cup of the water at body temperature, and let it sit for five minutes.

b) Mix the sugar and most of the extract with enough of the rest of the water to dissolve the sugar in the primary fermenter at warm body temperature (not over 100°).

c) They say to use warm tap water, but I've heard it isn't good for you to use warm or hot tap water for anything other than washing, so I would advocate using cold tap water, adding boiling water until you get the right temperature. Use your floating thermometer or apply the scientific guess-and-by-golly test of dipping your wrist in the water to see how hot is it...carefully. Dipping in your big toe is not acceptable.

d) Stir until you don't hear any of the sugar scraping along the sides and bottom and you are sure the sugar is dissolved. A clean metal spoon is fine for this purpose.

e) Now add the yeast and the rest of the warm water. Taste it and see how you like it. Add the last ounce or so of the extract. Sometimes the strength differs from package to package, so this is a way of making sure it isn't too strong. You can always add a little more water and sugar, too.

f) Fill the drained, rinsed bottles with your racking tube, leaving an inch or two in the neck. Seal with a crown capper. Make sure the seals are good.

g) Rinse off the outsides of the bottles, and put them in a covered cardboard box (a beer case is good). Keep them in a cool (but not cold), dark place for a couple of weeks. If you are nervous, place the box near a drain in case you mismeasured the sugar.

h) Before you serve, chill the bottles for at least an hour, and open them carefully over the sink. There will be a little sediment on the bottom, so once you start pouring, just keep going until you get to the sediment and stop. The sediment won't hurt you, but it isn't pretty. Serve your sparkling beverage with pride.

i) I tend to make a sugar syrup instead of going the dry sugar route, because I think the carbonation is more even.

j) If using honey, use a tiny bit more than you would sugar. Boil it into a syrup, especially if you are serving this to very young children, who should not eat uncooked honey.

k) Champagne bottles and a bench capper make this whole process go a lot faster.

l) There's no law saying you can't blend extracts!

m) I make my own ginger beer extract by simmering four to eight ounces of fresh sliced ginger for an hour or two. However, it's trickier to do because you can't always predict how much flavor any one stem of ginger will have. Still, sometimes it's fun to live a little dangerously, and Jamaican ginger beer spoiled me. If you try this, add the zest and juice of two to three lemons or 2 to 3 teaspoons citric acid to the brew.

n) NEVER add more sugar than is recommended in the instructions!!!

o) Soda pop made this way will keep for up to a year if it is kept cool, or about three months in warm weather.

CONCLUSION

Your new bespoke liqueur can be drunk now but will improve if you let it sit in the bottle for 2-3 months. The flavors will meld together, and the alcoholic edges will smooth out.

Making liqueurs is a lot of fun and there are worlds of possibility within them. Hopefully this eBook has empowered you with enough basic information to get started. And remember to share your creations with friends when the trials of isolation are over! Cheers!

Lightning Source UK Ltd.
Milton Keynes UK
UKHW020301220621
385904UK00001B/9